Tropical Feeling

Gute-Laune-DIYs rund um Flamingo, Ananas, Kaktus & Co.

6

8

FLAMINGO
10

14

16

20

22

Sommer.
JETZT.
bitte!
24

smile
28

30

34

36

38

42

ALLE
Vorlagen
in Original-
größe
zum DOWN
LOAD!
44

48

52

KEEP AWAY!
DON'T TOUCH
54

58

60

62

66

68

70

ZUHAUSE IST, WO ES LEUCHTET UND GLITZERT

Bunte Dekoideen für daheim

Weich gebettet

Lustiger Pompon-Kissenbezug

Größe

40 cm x 40 cm

Material

- Kissenhülle einfarbig, 40 cm x 40 cm
- Garn in Grün, 50 g
- Garn in Braun, 25 g
- Garn in Pink, 10 g
- Pappe, A4
- Heißkleber oder Textilkleber
- Gabel

Vorlage

Seite 72

1 Zunächst erstellen Sie 41 Mini-Pompons, davon 26 grüne, 12 braune und 3 pinkfarbene. Das jeweilige Garn so lange um alle Gabelzinken wickeln, bis ein üppiges Wollbündel entsteht. Den Faden abschneiden.

2 Legen Sie ein ca. 10 cm langes Stück desselben Garns zwischen die beiden inneren Gabelzinken und knoten es fest um das entstandene Garnbündel. Dann das Bündel vorsichtig von der Gabel schieben.

3 Alle Schlaufen des Bündels aufschneiden und das Garn auf eine einheitliche Länge stutzen, sodass der Pompon kugelrund wird. Stellen Sie in dieser Weise die anderen 40 Pompons her.

4 Wenn alle Pompons fertiggestellt sind, werden sie mithilfe von Heiß- oder Textilkleber auf eine einfarbige Kissenhülle geklebt. Damit die Kissenhülle nicht verklebt, legen Sie sicherheitshalber ein Stück Pappe hinein. Diese kann entfernt werden, sobald der Kleber getrocknet ist.

5 Kleben Sie nun – beginnend im unteren Teil des Bezugs – erst die braunen, dann die grünen und zum Schluss die pinkfarbenen Pompons auf. Für die genaue Anordnung orientieren Sie sich an der Vorlage.

6 Zum Schluss ziehen Sie den Bezug über ein passendes Kissen und freuen sich über Ihr neues stylisches Wohnaccessoire!

FESCHE

Tasche

Kartoffeldruck mal exotisch

Größe

ca. 37 cm x 40cm

Material

- Baumwolltasche in Naturfarben
- Stempelkissen in Gelb, Grün und Orange
- Pappe, A4
- Papierrest in Weiß
- Filzstift in Schwarz (wasserlöslich)
- große Kartoffel
- scharfes Messer
- Küchenpapier
- Bügeleisen

Vorlage

Seite 76

1 Die Vorlage mit einem wasserlöslichen Filzstift auf ein Stück Papier übertragen, grob ausschneiden und auf die Kartoffel drücken, sodass die Filzstiftfarbe auf die Kartoffel abfärbt. Mit einem scharfen Messer um die Konturen herum das Motiv in die Kartoffel schneiden.

2 Die Kartoffel auf einem Küchenpapier abtupfen. Dann die Pappe in die Stofftasche legen, um ein Durchdrücken der Farbe zu vermeiden.

3 Die Blätter der Ananas mit dem grünen Stempelkissen, den Rest orange und gelb einfärben. Den Stempel auf die Baumwolltasche drücken und vorsichtig wieder abnehmen. Nach jedem Stempeln wird die Kartoffel wieder neu eingefärbt. Bestempeln Sie die Tasche ganz nach Belieben –
kreuz und quer oder in akkuraten Reihen.

4 Die Farbe gut trocknen lassen und mit dem Bügeleisen von links nach Herstellerangaben fixieren.

Tipp

Solange die Kartoffel noch frisch ist, können auch andere Dinge bedruckt werden, wie z.B. einfarbiges Geschenkpapier, Postkarten, Servietten usw.

Flamingo IM RAHMEN

Aquarell trifft Handlettering

Größe

25 cm x 25 cm

Material

- Bilderrahmen mit Passepartout, 25 cm x 25cm
- Aquarellpapier, 24 cm x 24cm
- wasservermalbare Buntstifte in Rosa, Pink und Orange
- Filzstifte in Pink, Rosa und Violett
- Fineliner in Schwarz
- Pinsel
- Glitzerkleber
- Glitzer in Pink und Orange

Vorlage

Seite 78

1 Die Vorlage für das Bild und die Schrift mit Bleistift auf Aquarellpapier übertragen (siehe Tipp auf S. 15). Mit den wasservermalbaren Buntstiften ausmalen, dabei einige Stellen auslassen. Orientieren Sie sich hier auch am Bild.

2 Den Pinsel befeuchten und für die Farbübergänge die Farben ineinander fließen lassen. Die unbemalten Stellen bleiben etwas heller.

3 Das Bild gut trocknen lassen, dann mit Fineliner die Umrandungen nachzeichnen. Die Schrift ebenso mit dem schwarzen Fineliner und den bunten Filzstiften gestalten.

4 Tragen Sie den Glitzerkleber mit dem Pinsel auf und bestreuen ihn mit pink- und orangefarbenem Glitter. Den Kleber gut trocknen lassen und die überschüssigen Glitzerpartikel vom Papier abklopfen.

5 Zum Schluss schneiden Sie das Bild auf die Größe des Rahmens zu, fixieren es hinter dem Passepartout und bauen den Bilderrahmen wieder zusammen. Jetzt müssen Sie nur noch ein geeignetes Plätzchen für Ihr Kunstwerk finden!

sei wie ein
FLAMINGO
etwas kurios,
aber prächtig
und
EINZIGARTIG!

Ich packe meinen Koffer

UND NEHME MIT …

Diese Dinge dürfen in keinem Strandurlaub fehlen:

Superwichtig

- Reisepass/Personalausweis
- Reisedokumente
- Bargeld/EC-Karte/ Kreditkarte
- Führerschein
- Wichtige Adressen und Telefonnummern

Kleidung

- Kleider
- Röcke
- Shorts
- lange Hose
- Tank-Tops
- T-Shirts
- Pullover
- leichte Jacke
- Sportkleidung
- Unterwäsche
- Socken
- Pyjama
- Bikini/Badeanzug

Schuhe

- Sandalen
- Flip Flops
- Turnschuhe
- Ballerinas oder Slipper

Hygiene

- Zahnbürste
- Zahnpasta
- Haarbürste/Kamm
- Deo
- Parfum
- Sonnencreme
- Shampoo
- Duschgel
- Body-Lotion
- Make-Up
- Make-Up Entferner
- Rasierer
- Nagelfeile
- Pinzette
- Erste-Hilfe-Set
- Insektenschutzmittel
- Taschentücher

Accessoires

- Handtasche
- Strandtasche
- Rucksack
- Schmuck
- Haargummis/-spangen
- Sonnenbrille
- Hut/Kappe
- Schal/Tuch
- Gürtel

Elektronische Geräte

- Smartphone (plus Ladegerät)
- Kamera (plus Ladegerät und Speicherkarten)
- MP3-Player
- Kopfhörer
- E-Book-Reader

Sonstiges

- Medikamente
- Strandtuch
- Luftmatratze
- Regenschirm

Schreiben Sie außerdem die Dinge auf, die für Sie immer auf Reisen mit dabei sein müssen:

- ____________
- ____________
- ____________
- ____________
- ____________
- ____________

Ich muss jetzt los,

DAS

MEER

RUFT!

PFLEGELEICHTE Kaktusleuchte

Bitte nicht gießen!

Größe

50 cm hoch

Material

- Pappe, A2
- Sprayfarbe in Dunkelgrün
- LED-Minilichterkette, batteriebetrieben
- Blumentopf, ø 25cm
- Cutter
- Schneideunterlage
- verschiedene Steine

Vorlage

Seite 73

1 Übertragen Sie zunächst die Vorlagen auf die Pappe und schneiden Sie beide Teile entlang der Umrisse aus.

2 Auf beiden Teilen mit einem Bleistift die Einschnittstellen für die „Dornen" markieren – hier werden dann später die Lämpchen durchgesteckt. Schneiden Sie die Markierungen mit einem Cutter ein und weiten diese vorsichtig mit der Spitze einer geschlossenen Schere, sodass sich die Pappe leicht nach außen wölbt.

3 Sprayen Sie die Kaktusteile und ihre Schnittkanten bei guter Belüftung und ausreichendem Schutz der Unterlage beidseitig an. Lassen Sie alles gut trocknen.

4 Setzen Sie beide Teile zusammen und stellen Sie den fertigen Kaktus in den Tontopf. Nun die Lämpchen der Lichterkette einzeln durch die Einschnittlöcher der Kaktusteile stecken. Drapieren Sie einige schöne Steine im Topf und verstecken Sie darunter den Batteriekasten der Lichterkette.

Tipp

Vorlagen können Sie mit Transparentpapier übertragen. Dafür die Vorlage abpausen, das Papier wenden und auf der Rückseite die Konturen mit einem harten Bleistift nachziehen. So wird das Bleistiftgrafit auf das Papier übertragen.

FILIGRANER
Paradiesvogel

Exotische Fadenkunst

Größe

30 cm x 40 cm

Material

- Holzbrett, 18 mm stark, 30 cm x 40 cm
- Acrylfarbe in Türkis und Weiß
- Zeichenpapier, A3
- Garn in Pink, Weiß und Schwarz
- 95 Nägel, 25 mm lang
- Bildaufhängung
- Hammer

Vorlage

Seite 79

1 Die Vorderseite des Holzbretts mit türkisfarbener Acrylfarbe bemalen. Die Farbe dabei mit Weiß abtönen, das ergibt einen schönen Farbverlauf. Alles gut trocknen lassen.

2 Die Vorlage für den Flamingo auf das Zeichenpapier übertragen (siehe Tipp auf S. 15) und auf dem trockenen Holzbrett platzieren. Wenn nötig mit etwas Klebeband fixieren. Die Nägel, wie in der Vorlage angegeben, einschlagen.

3 Knoten Sie dann das schwarze Garn an einem Nagel für den Schnabel fest. Zunächst das Garn um jeden Nagel des Schnabels fädeln, dann wenden und nochmals umwickeln. Anschließend den Schnabel kreuz und quer mit dem schwarzen Garn auffüllen. Wenn das Ergebnis gefällt, den Faden abschneiden und das Ende mehrmals um einen Nagel knoten. Die weiße Stelle des Schnabels wird genauso gefertigt wie der Rest: erst den Rand ausarbeiten, dann nach Belieben fädeln.

4 Die Beine des Flamingos ebenfalls in Schwarz arbeiten. Hier auch wieder das Garnende um einen Nagel binden, allerdings nur die Konturen nachfädeln. Den Körper des Flamingos in Pink fädeln. Anschließend den Flügel ausgestalten.

5 Zum Schluss den Bildaufhänger auf der Rückseite des Bretts anbringen und schon können Sie Ihr Kunstwerk bestaunen!

FRUCHTIGE Tropendrinks

KIWI-BANANEN SMOOTHIE

Zutaten

- 2 Kiwis plus eine Scheibe zum Garnieren
- 1 Banane
- 250 ml Orangensaft

1 Die Kiwis schälen und in kleine Stücke schneiden. Die Banane ebenso schälen und klein schneiden.

2 Obst in einen Mixer geben, den Orangensaft hinzufügen und alles fein pürieren.

3 Smoothie in ein Einmachglas umfüllen, Glasrand mit einer Kiwischeibe garnieren und Drink genießen!

WALDBEER SMOOTHIE

Zutaten

- 120 g Beeren-mischung (TK)
- 200 g Joghurt (3,5 % Fett)
- Wasser
- 1 TL Honig oder Agavendicksaft

1 Die tiefgefrorene Beerenmischung zusammen mit dem Joghurt in einem Mixer pürieren. Wenn die Konsistenz noch zu dickflüssig ist, nach Belieben Wasser hinzufügen.

2 Zum Nachsüßen den Honig oder Agavendicksaft einrühren. Mit einer Brombeere dekorieren – und fertig ist ein leckeres Frühstücksgetränk!

ERDBEER SMOOTHIE

Zutaten

- 100 g Erdbeeren
- 1 Stiel Minze
- 150 ml Milch
- 1 TL Honig

1 Die Erdbeeren waschen und klein schneiden. Die Minzeblättchen vom Stiel abzupfen.

2 Erdbeeren und Minze in einen Mixer geben, die Milch hinzufügen und im Mixer fein pürieren. Mit Honig nachsüßen, in ein großes Glas umfüllen und mit einer Erdbeere dekorieren.

Tipp Funktioniert auch wunderbar mit gefrorenen Erdbeeren!

FRECHE FRÜCHTCHEN

Ran an die Stifte und lassen Sie das Obst in tropischen Farben erstrahlen!

SÜSSE

Gedächtnisstütze

Ananas-Pinnwand für wichtige Notizen

Größe

21 cm x 40 cm

Material

- Korkplatte, 3 mm stark, 23 cm x 42 cm
- Feste Pappe, A3
- Acrylfarbe in Gelb, Weiß, Grün und Helltürkis
- Lackstift in Goldfarben
- Cutter
- Stahllineal
- Schneideunterlage

Vorlage

Seite 79

1 Die Vorlage jeweils auf die Korkplatte und die Pappe übertragen (siehe Tipp auf S. 15). Korkplatte und Pappe an den Außenlinien mit Cutter und Stahllineal zuschneiden. Die Kork-Ananas auf die Pappe kleben, ggf. überstehende Kartonränder zurechtschneiden.

2 Das Muster auf den Kork übertragen. Die Blätter in Helltürkis und Dunkelgrün bemalen. Die Flächen, die später gelb werden sollen, zunächst weiß grundieren und gut trocknen lassen.

3 Malen Sie dann einige Flächen gelb aus, für die anderen mischen Sie Gelb mit Weiß, sodass verschiedene Farbnuancen entstehen. Die Farbe wieder gut trocknen lassen.

4 Mit dem goldenen Lackstift die einzelnen Farbflächen mithilfe des Lineals nachziehen. Mit bunten Pinnnadeln befestigt, werden Sie wichtige Notizen bestimmt nicht mehr vergessen!

Tipp

Die Kork-Ananas eignet sich im Kleinformat hervorragend als Glasuntersetzer.

heute
Mädelsabend
:)
freu
Tankstellenbier
Doppelrahmquark

FRÖHLICHES
Kaktus-Mobile

Kakteen rundherum

Größe

ø 34 cm, Länge ca. 40 cm

Material

- Mobile-Stern mit 6 Armen
- Bastelfilz in Grün, 21 cm x 36 cm
- Bastelfilzrest in Pink, Weiß und Gelb
- Pompon-Bordüre in Pink, 3 m lang
- Alleskleber
- Band zum Aufhängen

Vorlage

Seite 72

1 Übertragen Sie die Vorlagen für die Kakteen je drei Mal auf den grünen Bastelfilz (siehe Tipp auf S. 15) und schneiden Sie sie aus. Aus farbigen Filzresten kleine Blüten ausschneiden und diese mit Alleskleber auf die Kakteen kleben.

2 Zerschneiden Sie nun die Pompon-Bordüre in sechs etwa gleich lange Stücke. Jeweils ein Band an jedem Arm des Mobile-Sterns befestigen. Damit die Kakteen in unterschiedlicher Höhe hängen, das Band nicht immer mittig knoten.

3 Kleben Sie die Filzkakteen in beliebiger Anordnung auf die Bänder. Zum Schluss ein Band durch den Mobile-Stern fädeln und die tropische Deko aufhängen.

Tipp

Sollten Sie keinen Mobile-Stern zur Hand haben, können Sie alternativ auch aus Draht einen Kranz biegen und die Bänder mit den Kakteen daran befestigen.

Sommer.
JETZT.
bitte!

TROPISCHES

Melonenkissen

Für Sommernachtsträume

Größe

40 cm x 40 cm

Material

- Kissenbezug in Weiß, 40 cm x 40 cm
- Textilstift in Hellrot, Dunkelrot, Hellgrün, Dunkelgrün und Schwarz
- Filzstift in Schwarz
- Kopierpapier, A4
- Pappe, A4

Vorlage

Seite 73

1 Die Vorlage auf weißes Papier übertragen und mit schwarzem Filzstift nachfahren. Die Pappe in die Kissenhülle schieben, um ein Durchdrücken der Farben zu vermeiden. Die Vorlage auf die Pappe in die Hülle legen und in der Mitte positionieren.

2 Das Wort „Sommer" zuerst mit hellem Rotstift nachfahren, dann die unteren Buchstabenbögen mit dunklem Rot schattieren. „Jetzt" mit schwarzem Stift schreiben. Wie auch bei „Sommer" gestalten Sie das Wort „bitte" erst mit hellem und schattieren danach mit dunklem Grün.

3 Die Wassermelone flächig in Hellrot ausmalen, mit dem dunkleren Stift am unteren Rand schattieren. Die Schale in Dunkelgrün aufsetzen, dann einige Kerne mit schwarzem Stift aufmalen.

4 Alles gut trocknen lassen und mit dem Bügeleisen von links nach Herstellerangaben fixieren. Zum Schluss den Bezug über ein passendes Kissen ziehen und vom Sommer träumen!

Tipp

Um eine mögliche Imprägnierung zu entfernen, sollte der Kissenbezug vor dem Bemalen gewaschen werden. Die Textilfarben halten dann besser auf dem Stoff.

GIRLS JUST WANNA HAVE FUN

Fröhliche Deko für den Mädelsabend,
Junggesellinnenabschied oder
den nächsten Geburtstag

smile

FRUCHTIGE Einladung

Auf zur Ananas-Party!

Größe

22 cm hoch

Material

- Fotokarton in Goldfarben, A4
- 2x Kopierpapier in Gelb, A4
- Papierstrohhalm in Rot und Weiß
- Masking Tape
- Klebestift
- Cutter
- Schneideunterlage

Vorlage

Seite 74

1 Übertragen Sie die Vorlage für die Ananas auf den goldfarbenen Fotokarton, die für das Gitter auf das gelbe Kopierpapier (siehe Tipp auf S. 15). Alle Teile entlang der Umrisse ausschneiden.

2 Schneiden Sie danach die Innenflächen des Gitters mit einem Cutter heraus. Falten Sie die Ananaseinladung sorgfältig an der markierten Knickstelle, sodass eine Klappkarte entsteht. Damit der Falz schön sauber wird, verwenden Sie am besten ein Falzbein und ein Lineal.

3 Kleben Sie das Ananasgitter mit Klebestift auf die Vorderseite der Karte. Aus dem zweiten Bogen Kopierpapier schneiden Sie ein Einlegeblatt für die Karte zu, dieses fixieren Sie mit etwas Kleber schräg im Innenteil der Karte, sodass das Einlegeblatt über den Kartenrand hinausragt.

4 Den Papierstrohhalm mit einer Schere etwa 1 cm tief einschneiden und eine kleine Botschaft oder ein gestaltetes Namensschild in den entstandenen Schlitz stecken.

5 Befestigen Sie den Strohhalm mit einem Streifen Masking Tape von innen an der Vorderseite der Klappkarte.

Tipp

Wenn Sie das Einlegeblatt am Computer gestalten wollen, drucken Sie Ihren Text, nachdem Sie ihn in Form und Größe angepasst haben, direkt auf das gelbe Druckerpapier und schneiden daraus die Ananasform aus.

PARADISISCHE

Party-Lampions

Stimmungsvolle Deko für drinnen und draußen

Größe

ø 12 cm, ca. 30 cm hoch

Material

- Käseschachtel oder andere runde Box, ø 12 cm
- Baumwollstoff in Apricot oder Türkis gepunktet, 44 cm x 18 cm
- Lampenschirmfolie transparent, 44 cm x 18 cm
- Bügelfolie in Glitzergold oder Türkis, A5
- 2x Webband in Creme mit goldenen Punkten, je 44 cm lang
- Tassel in Gold, 8 cm lang
- Draht in Goldfarben, 40 cm lang
- Heißkleber
- Nadel
- Bügeleisen
- Bügelbrett
- Teelicht

Vorlage

Seite 73

1 Die Vorlage für Flamingo oder Palme sieben Mal auf die Bügelfolie übertragen (siehe Tipp auf S. 15), davon einige Male gerne auch spiegelverkehrt! Die Vorlagen sorgfältig ausschneiden und nach Herstellerangaben auf den Baumwollstoff bügeln.

2 Den Stoff faltenfrei auf die Lampenschirmfolie kleben. Die Webbänder fixieren Sie an der unteren und oberen Kante der Stoffbahn.

3 Kleben Sie den Lampenschirm nun mithilfe einer Heißklebepistole rund um die Käseschachtel fest. Mit einer Nadel an der oberen Kante des Schirms zwei gegenüberliegende Löcher stechen. Durch diese den Draht hindurchfädeln und die Enden mehrere Male um den entstandenen Drahtbügel wickeln, sodass sie nicht herausrutschen können.

4 Die goldene Tassel an der Unterseite des Laternenbodens befestigen. Dazu ein Loch in die Pappe stechen, das Ende der Tassel hindurchstecken und fixieren. Zum Schluss ein Teelicht in die Laterne stellen, anzünden und genießen!

Tipp Die Tassel können Sie ganz leicht selbst machen: Dazu 1 m Garn mehrmals um ein Stück Pappe wickeln und zum Schluss mit einem Stück Garn an der Oberseite abbinden. Dann die unteren Wollschlingen aufschneiden, an der abgebundenen Stelle zusammenlegen und mit einem weiteren Stück Garn umwickeln, zubinden – fertig!

Die kleinen Momente...
SIND MEISTENS DIE SCHÖNSTEN

Nehmen Sie sich einen Moment Zeit und machen Sie eine kleine Reise zu sich selbst. Diese Fragen helfen Ihnen dabei:

Welche ist Ihre schönste Urlaubserinnerung? Was macht Sie so besonders?

Welcher ist Ihr Lieblingsspruch, der Sie immer fröhlich stimmt?

In welcher Situation haben Sie zuletzt richtig herzhaft gelacht?

Was möchten Sie unbedingt noch lernen? Warum haben Sie es bisher noch nicht in Angriff genommen?

Über welches Geschenk haben Sie sich in Ihrem Leben am allermeisten gefreut?
Von wem haben Sie es erhalten und zu welchem Anlass?

Wenn Sie sich im Spiegel ansehen, was an Ihnen finden Sie am schönsten?

YOU ARE
One
IN A
Melon

TROPISCHE

Tutti-Frutti-Girlande

Gute Laune ist vorprogrammiert!

Größe

ca. 2 m lang

Material

- 2x Aquarellpapier, A4
- Bäckergarn, 2 m lang
- Aquarellfarben in Rot, Pink, Gelb, Orange, Hellgrün, Dunkelgrün und Hellbraun
- Fineliner in Schwarz
- Gelstift in Weiß
- Pinsel
- Lochzange
- Cutter
- Schneideunterlage

Vorlage

Seite 75

1 Alle Vorlagen zwei Mal auf das Aquarellpapier übertragen (siehe Tipp auf S. 15). Für die Wassermelone malen Sie zunächst die Rundung des Kreissegments mit Hell- und Dunkelgrüner Aquarellfarbe. Etwas Abstand lassen und erst dann das Fruchtfleisch in Rot malen. Die Farbe gut trocknen lassen und die Kerne mit schwarzem Fineliner aufzeichnen.

2 Malen Sie dann die Orange. An der Spitze beginnend, Linien in Orange zum Rand malen, bis die ganze Fläche gefärbt ist. Für die Orangenhaut rote und orangefarbene Farbe mischen und die Rundung damit bemalen. Den Pinsel auswaschen und zwischen Orangenhaut und Fruchtfleisch ziehen – so verläuft die Farbe und die Übergänge werden heller.

3 Für die Ananas von der Spitze aus zum Rand Linien in Gelb malen. Den Rand der Ananas dann in Hellbraun und etwas Hellgrün auftupfen, die Farben dürfen dabei ineinander verlaufen. Nach dem Trocknen den Rand etwas zuschneiden, damit die unebene Struktur der Ananasschale entsteht.

4 Den Flamingo komplett in Pink malen. Die Beine, den Flügel und das Hinterteil etwas dunkler schattieren, dafür Pink mit etwas Schwarz mischen. Gut trocknen lassen, dann Auge und Schnabel mit Fineliner und Gelstift aufzeichnen.

5 Zum Schluss das Monsterablatt flächig in Dunkelgrün malen, die Blattadern in Hellgrün darüberziehen. Die Löcher im Blatt mit dem Cutter ausschneiden.

6 Nach dem Trocknen alle Elemente an den Konturen ausschneiden. Mit der Lochzange Löcher für die Aufhängung anbringen. Die Elemente in beliebiger Reihenfolge auf Bäckergarn auffädeln und die fertige Girlande aufhängen.

BLUMIGER
Ananas-Haarreif

Lustiges Accessoire für die Fotobox

Größe

23 cm hoch

Material

- Plastikhaarreif, mind. 1 cm breit
- Pappkarton, A4
- Bastelfilz in Gelb, 1 mm stark, 16 cm x 14 cm
- Bastelfilzrest in Grün, 1 mm stark
- 5 Kunstblüten
- Klebestift
- Heißkleber

Vorlage

Seite 78

1 Übertragen Sie die Vorlage für die gesamte Ananas auf den Pappkarton (siehe Tipp auf S. 15) und schneiden Sie sie aus.

2 Auf den jeweiligen Bastelfilz übertragen Sie die Vorlage für die Ananasfrucht bzw. die Blätter und schneiden diese aus. Kleben Sie die Filzelemente mit Klebestift auf den Pappkarton.

3 Die Papplasche unten an der Ananas dient als Klebefläche. Falten Sie die Lasche nach hinten um und fixieren Sie die Ananas mit Heißkleber auf dem Haarreif.

4 Zum Schluss befestigen Sie die Blüten mit Heißkleber auf dem Haarreif. Achten Sie darauf, mit den Blüten die Klebestellen der Ananas zu kaschieren. Fertig ist Ihr cooles Fotobox-Accessoire!

Tipp Als lustige Alternative können Sie die Vorlage auch verkleinern und mehrere Mini-Ananas nebeneinander auf dem Haarreif befestigen.

MAGISCHE

Einhornbox

Hält zauberhafte Überraschungen bereit

Größe

8 cm x 18 cm

Material

- Pappbecher in Silber
- Mini-Muffinform
- Fotokartonrest in Flieder
- Fotokartonrest in Rosa
- Fotokartonrest in Gold
- Seidenband in Rosa, 3 mm breit, 35 cm lang
- Papierstrohhalm in Rosa-Weiß
- Fineliner
- Heißkleber

Vorlage

Seite 74

1 Übertragen Sie die Vorlagen auf das entsprechende Papier (siehe Tipp auf S. 15) und schneiden Sie alle Teile sorgfältig aus.

2 Den verdickten oberen Rand des Pappbechers abschneiden. Zeichnen Sie rund um den Becher alle 2,5 cm eine Markierung ein. An den markierten Stellen den Becher etwa 2,5 cm tief von oben nach unten einschneiden. Klappen Sie diese Laschen nach innen, sodass eine kleine Verpackungsbox entsteht.

3 Kleben Sie nun Maul und Mähne auf den Einhornkopf. Das Auge und die Wimpern mit einem schwarzen Fineliner aufzeichnen. Fixieren Sie mit einem Tropfen Heißkleber zunächst ein 15 cm langes Stück Band am Einhornkopf und kleben Sie dann das goldene Horn darüber. Binden Sie die Bandenden zu einer kleinen Schleife. Dann befestigen Sie das fertig gestaltete Kopfteil und den Einhornschweif mit Heißkleber am Pappbecher und stellen diesen in den kleinen Muffinbecher.

4 Zum Schluss füllen Sie den Einhornbauch mit Leckereien oder anderen kleinen Überraschungen, die den Gast an die tolle Party erinnern sollen!

Reisen

ist die

beste Möglichkeit,

GELD AUSZUGEBEN

und trotzdem

REICHER ZU WERDEN.

HIER WAR ICH SCHON – DORT MÖCHTE ICH HIN

Die Welt ist so groß und wunderschön!

Malen Sie alle Länder aus, in denen Sie bereits waren und umranden Sie diejenigen Länder, die Sie gerne noch bereisen möchten.

WITZIGE

Kaktus-Topper

Bunte Deko für Muffins und Cupcakes

Größe

ca. 5 cm

Material

- Bügelperlen in Hellgrün, Dunkelgrün, Pink, Gelb, Orange und Braun
- eckige Steckplatte
- Papierstrohhalm
- Bügelpapier oder Backpapier
- Bügeleisen
- Heißkleber
- schweres Buch

Vorlage

Seite 76

1 Übertragen Sie das gewünschte Kaktusmotiv nach Vorlage mit den Bügelperlen auf die Steckplatte.

2 Legen Sie das Bügelpapier bzw. das Backpapier auf das Bügelperlenbild und bügeln Sie in Kreisbewegungen vorsichtig über das Motiv. Das Bild auskühlen lassen und dann von der Steckplatte lösen. Für mehr Stabilität das Motiv auch von der anderen Seite bügeln. Legen Sie für ca. 30 min ein schweres Buch auf das Bügelperlenbild, um Wölbungen zu vermeiden.

3 Schneiden Sie einen Papierstrohhalm in der Mitte durch und kleben eine Hälfte mit Heißkleber auf das Motiv. Gut trocknen lassen und bei der nächsten Party Muffins oder Cupcakes mit den hippen Kaktus-Toppern verzieren.

Tipp Die Topper können Sie auch auf Holzspieße kleben und in kleine Blumentöpfe stecken – gerade für Freunde ohne grünen Daumen ein tolles Geschenk!

FRUCHTIGE

Ananas-Goodie-Bag

Für kleine Geschenke

Größe

16 cm x 28,5 cm

Material

- braune Papiertüte, mind. 16 cm x 20 cm
- Fotokartonrest in Grün
- Acrylfarbe in Hellgrün, Gelb und Goldfarben
- Pinsel
- Nähgarn in Hellgrün
- Nähmaschine oder Nadel

Vorlage

Seite 72

1 Mit der gelben Acrylfarbe ein Raster auf die Papiertüte malen. Den oberen Teil der Rauten mit der hellgrünen Acrylfarbe betonen. Goldfarbene Akzente auf die Rasterkreuze setzen und die Farbe gut trocknen lassen.

2 Übertragen Sie dann die Vorlage für die Ananasfrucht auf die trockene Papiertüte (siehe Tipp auf S. 15). Mit der Nähmaschine (oder von Hand) die Tüte entlang der Kontur zusammennähen. Dabei am oberen Teil der Frucht eine ca. 10 cm lange Öffnung zum Befüllen lassen. Nahtenden sichern.

3 Die Tüte rund um die Naht mit einem Abstand von 5 mm zuschneiden. Befüllen Sie die Geschenktüte nach Belieben mit Süßigkeiten und anderen Kleinigkeiten.

4 Übertragen Sie die Vorlage für die Blätter auf den grünen Fotokarton, schneiden Sie das Element aus und stecken es bis zur Markierung in die Tütenöffnung. Dann auch die Öffnung zusammennähen und die Nahtenden sichern.

DA MUSS FARBE HER!

Malen Sie das Bild in leuchtenden Farben aus. Am besten verwenden Sie dafür Filz- oder Lackstifte.

Zuhause
ist, wo
MEIN KLEINER
GRÜNER
Kaktus
STEHT.

GEFIEDERTE

Trinkhalm-Topper

Wächter über das Glas

Größe

ca. 20 cm lang

Material

- Fotokartonrest in Pink
- Federn in Pink, ca. 3 cm lang
- Papierstrohhalm
- Fineliner in Schwarz
- Gelstift in Weiß
- Heißklebepistole
- Cutter
- Schneideunterlage

Vorlage

Seite 73

1 Die Vorlage auf Fotokarton übertragen (siehe Tipp auf S. 15). Als nächstes den Flügel entlang der markierten Linie mit dem Cutter anschneiden. Verwenden Sie hierfür eine geeignete Schneideunterlage und achten Sie darauf, wirklich nur entlang der Linie und nicht den ganzen Flügel auszuschneiden. Erst dann das Motiv ausschneiden.

2 Malen Sie das Auge mit Fineliner auf. Die Schnabelspitze schwarz färben, mit dem Gelstift in Weiß einen Akzent setzen.

3 Den Flügel leicht nach außen klappen und auf der Rückseite der Flügelspitze etwas Heißkleber anbringen. Den Strohhalm zwischen Flügel und Flamingokörper stecken und die Flügelspitze auf dem Körper fixieren.

4 Feder, wenn nötig, mit einer Schere etwas stutzen, damit sie genau auf den Flügel passt, und mit Heißkleber befestigen.

VON HERZEN ETWAS SCHÖNES

Nette Kleinigkeiten
für Seelenverwandte

FRECHE

Melonenscheibchen

Fröhliche Anhänger aus Salzteig

Größe

ca. 5 cm

Material

- 1 Tasse Mehl plus etwas zum Bestäuben
- ½ Tasse Salz
- ½ Tasse Wasser
- 1 Glas, ø 5 cm
- Acrylfarbe in Pink, Grün, Weiß und Schwarz
- Pinsel
- Kordel, 10 cm lang
- Messer
- Backpapier
- Nudelholz
- Küchenmixer mit Knethaken

1 Den Backofen auf 150 °C Umluft vorheizen. Für den Salzteig Mehl, Salz und Wasser in eine Schüssel geben und alles mit einem Küchenmixer zu einem Teig kneten. Sollte der Teig zu klebrig sein, noch etwas Mehl hinzufügen. Die Arbeitsfläche sowie das Nudelholz mit etwas Mehl bestäuben und den Teig ca. 5 mm dick ausrollen.

2 Mit dem Glas Kreise aus dem Teig stechen. Die Kreise mit einem Messer halbieren und auf ein mit Backpapier ausgelegtes Backblech legen. Stechen Sie mit der Messerspitze ein kleines Loch in den Teig, dieses dient später als Öse zum Aufhängen.

3 Das Blech in den Ofen schieben und die Halbkreise ca. 1 Stunde backen. Die Anhänger danach gut auskühlen lassen, bevor Sie bemalt werden können.

4 Grundieren Sie die Halbkreise zunächst in Pink und lassen Sie die Farbe gut trocknen. An der abgerundeten Seite mit Acrylfarbe in Grün die Schale aufmalen, danach zwischen Schale und Fruchtfleisch eine dünne weiße Linie ziehen.

5 Lassen Sie die Wassermelonenanhänger gut trocknen und tupfen Sie mit schwarzer Farbe die Kerne auf. Zum Schluss die Kordel durch das Loch ziehen und die Enden verknoten. Die fertigen Anhänger können nun zum Verzieren von Geschenkverpackungen oder als Deko an einem Strauch in Szene gesetzt werden.

Vorsicht, pieksig!

Finger weg vom Vorratsglas

Größe

⌀ 11 cm, 12 cm
und 16 cm hoch

Material

- Vorratsglas mit Schraubdeckel, 1 l oder 750 ml Fassungsvermögen
- Glasmalstift in Grün, Pink, Braun, Schwarz und Weiß
- Kopierpapier, A4
- Reinigungstuch

Vorlage

Seite 74

1 Die Vorlage auf Papier übertragen (siehe Tipp auf S. 15) oder direkt aus dem Buch rauskopieren, grob ausschneiden und von innen mit etwas Klebeband im Vorratsglas befestigen.

2 Damit die Farbe gut haftet, das Glas von außen mit einem Reinigungstuch abreiben, sodass es ganz sauber und fettfrei ist.

3 Mit den Glasmalstiften die Bild- und Textvorlage in der jeweiligen Farbe nachfahren. Gut trocknen lassen und nach Herstellerangaben evtl. einbrennen.

TIPP Die Vorlagen können Sie mit Kohlepapier auch auf Gegenstände aus Keramik übertragen, z.B. Tassen oder Müslischalen.

KEEP AWAY!
DON'T TOUCH

Entweder...

ODER...?

Wenn Sie sich entscheiden müssten, was würden Sie wählen?

SEE oder MEER

KAKTUS ODER PALME

EIS ODER OBSTSALAT

JOGGEN oder RAD FAHREN

HOSE ODER ROCK

TEE ODER KAFFEE

ROSA ODER TÜRKIS

GLITZER ODER NEON

SCHWITZEN ODER FRIEREN

BUCH ODER MUSIK

SINGEN ODER TANZEN

ZEICHNEN ODER FOTOGRAFIEREN

ANANAS oder MELONE

CUPCAKE ODER PIZZA

HIGH HEELS ODER TURNSCHUHE

SEI EIN

Flamingo

IN EINEM

SCHWARM TAUBEN

REIZENDES

Flamingotäschchen

Für hübsche Kleinigkeiten

Größe

22,5 cm x 13,5 cm

Material

- Beschichtete Baumwolle mit Flamingomuster, 30 cm x 25 cm
- Endlos-Reißverschluss mit Zipper in Pink, 3 mm breit, 30 cm lang
- Webband in Rot-Pink gemustert, 25 cm lang
- 2 Bänder in Lederoptik in Rot und Pink, je 25 cm lang
- Nähgarn in Weiß
- Stecknadeln
- Nähmaschine

1 Den Stoff in zwei 15 cm x 25 cm große Stücke zuschneiden. Das Webband mit Nadeln auf einem der Stoffstücke fixieren und mit einem schmalen Zickzackstich festnähen.

2 Teilen Sie den Reißverschluss und legen Sie ihn jeweils mit der Oberseite nach unten an die obere Kante der Stoffstücke. Die Zähne zeigen dabei nach unten zum Stoff. Mit einem Geradstich feststeppen.

3 Die Nahtzugaben zur Seite bügeln und den Zipper einfädeln. Nun den Reißverschluss zur Hälfte schließen.

4 Legen Sie die Stoffstücke entlang des Reißverschlusses rechts auf rechts und stecken Sie sie zusammen. Die Tasche rundum zusammennähen.

5 Die Nahtzugaben auf etwa 5 mm zurückschneiden. Die Ecken schräg abschneiden. Tasche wenden und die Ecken ausformen. Zum Schluss den Reißverschluss schließen und den Zipper mit den Bändern verzieren.

Tipp

Beim Bügeln von beschichteter Baumwolle sollte immer ein unbeschichtetes Tuch dazwischen gelegt werden, da die Beschichtung sonst schmelzen und somit auch Ihr Bügeleisen verunreinigt werden kann.

SCHMUCKER

Bildhalter

Für Fotos, Karten und Notizen

Größe

11 cm

Material

- Ei
- Gipsmasse zum Anrühren
- Filzrest in Hellgrün
- Deco-Metall in Goldfarben
- Anlegemilch
- Pinsel
- kleine Schale
- Sand
- Multifunktionswerkzeug
- Diamantfräser, konisch
- Multifunktionsgerät

Vorlage

Seite 76

1 Vorsichtig eine ca. 2 cm große Öffnung in die Oberseite des rohen Eis klopfen. Das flüssige Eiweiß und -gelb herausfließen lassen, die Schale unter fließendem Wasser säubern.

2 Füllen Sie Sand in die Schüssel und stellen Sie die Eierschale mit der Öffnung nach oben sicher hinein, sodass sie nicht umkippen kann.

3 Etwa 10 EL Gips nach Packungsanleitung anrühren. Füllen Sie die Eierschale bis knapp unter die Öffnung mit der angerührten Gipsmasse. Schütteln Sie das Ei vorsichtig, damit Luftblasen entweichen können. Das Ei sollte gerade stehen, damit die spätere Standfläche der Ananas eben wird. Lassen Sie den Gips gut durchtrocknen.

4 Die Eierschale vorsichtig entfernen und den Gips ca. eine Stunde aushärten lassen. Dann die Form mit Anlegemilch bestreichen und diese antrocknen lassen. Bedecken Sie die Form nun Stück für Stück mit Deco-Metall und tupfen Sie es vorsichtig mit einem trockenen Pinsel fest.

5 Mit dem Multifunktionswerkzeug und einem Diamantfräser mittig ein 2,5 cm tiefes Loch für die Blätter bohren. Halten Sie den Bohraufsatz dann parallel zur Form und arbeiten Sie die rasterförmige Struktur der Ananas heraus. Auf ganzer Breite des Ananaskörpers, 1 cm vom Loch entfernt, einen 3 cm tiefen Schlitz für die Bildhalterung herausarbeiten.

6 Die Vorlage für die Blätter auf den Bastelfilz übertragen (siehe Tipp auf S. 15) und ausschneiden. Stecken Sie den Blattansatz mithilfe einer Schere oder einer Stricknadel in dem Loch fest.

BESTICKTE

Geschenketiketten

Nach Strich und Faden verschenken

Größe

5 cm x 7,5 cm

Material

- Fotokartonrest in Weiß
- Stickgarn in Grüntönen, Pink, Orange und Schwarz
- Sticknadel
- Fineliner in Schwarz
- Spülschwamm

Vorlage

Seite 77

1 Die Vorlage für Etikett und Stickbild auf Fotokarton übertragen und an den Konturen ausschneiden.

2 Etikett auf einen Schwamm legen und mit der Nadel alle Punkte für das Stickbild durchstechen. Die Nadel kann dank des Schwamms durch das Etikett dringen, auf einer festen Unterlage wäre das nur schwer möglich.

3 Ziehen Sie das Garn durch die Nadel, ein Ende verknoten. Nun die Nadel von hinten in das erste Loch stecken und das Motiv Punkt für Punkt nachsticken. Achten Sie darauf, dass die Nadel nicht zu dick ist, sonst können nah beieinander liegende Löcher reißen.

4 Sobald das Motiv in der jeweiligen Farbe fertig gestickt ist, das Garn auf der Rückseite des Etiketts verknoten. Wenn nötig die Farbe wechseln und wie zuvor verfahren.

5 Zeichnen Sie mit Fineliner die Details auf. Zum Schluss ein Stück Garn durch das Aufhängeloch fädeln und mit dem bestickten Etikett ein Geschenk aufhübschen!

Tipp

Halten Sie das Etikett während des Stickens mit möglichst vielen Fingern, damit der Karton nicht knickt oder reißt.

SEI WIE EINE

Ananas

STEHE AUFRECHT,
TRAGE EINE KRONE
UND SEI INNEN
GANZ SÜSS.

Ich will was erleben!

Die Urlaubstage sind viel zu schnell vorbei und Sie ärgern sich im Nachhinein immer, sie nicht richtig genutzt zu haben? Mit dieser To do-Liste kann das nicht passieren!

einen Mädelsabend veranstalten

einen Salsa-Tanzkurs machen

Nägel in Neonfarben lackieren

eine neue Bar/ein neues Restaurant ausprobieren

eine Sommer-Playlist erstellen

einen Riesen-Eisbecher bestellen

einen Tag komplett ungeschminkt verbringen

ein Picknick machen

Sport im Freien machen

den Sonnenaufgang beobachten

ein Lagerfeuer machen

ein Open-Air-Konzert besuchen

eine Fahrradtour machen

Kräuter aussäen

ein Bild malen

ein DIY-Projekt abschließen

in den Zoo gehen

Mini-Golf mit Freunden spielen

ein Gedicht schreiben

Beeren pflücken

einen Smoothie zubereiten (z.B. von Seite 18)

einen neuen Haarschnitt zulegen

einen 5 km-Lauf machen

einen Kuchen für die Nachbarin backen

einen historischen Ort besuchen

eine Tretbootfahrt machen

den Sternenhimmel beobachten

Enten im Teich füttern

einen Flohmarkt besuchen

einen Spieleabend veranstalten

CHARMANTER

Flamingostempel

Macht immer eine gute Figur

Größe

6 cm x 9 cm

Material

- Fotokartonrest in Weiß
- Moosgummirest in Rosa
- Fineliner in Schwarz
- Stempelblock, 6 cm x 9 cm
- Stempelkissen in Neonpink
- Flüssigkleber
- Locher
- Öse
- Ösenzange

Vorlage

Seite 77

1 Übertragen Sie die Vorlage für den Flamingo auf das Moosgummi (siehe Tipp auf S. 15) und schneiden Sie ihn entlang der Umrisse aus. Die Beinstücke jeweils mittig einschneiden, um aus zwei kräftigen vier schlanke Beine zu machen.

2 Kleben Sie das Moosgummimotiv mit einigen Tropfen Flüssigkleber mittig auf den Stempelblock. Die Beine dabei leicht auseinander ziehen. Lassen Sie alles gut trocknen.

3 Malen Sie mit schwarzem Fineliner Auge und Schnabel auf. Drücken Sie dabei das Moosgummi deutlich ein, damit ein Relief entsteht.

4 Färben Sie das Moosgummi mit dem Stempelkissen ein und drücken Sie den Stempel auf den Fotokarton. Das Auge und den Schnabel mit Fineliner sauber nachzeichnen, den Schnabel flächig schwarz ausmalen.

5 Nun den Anhänger zuschneiden. Lassen Sie dabei oben eine Fläche von etwa 1,5 cm x 1,5 cm und rundherum einen Rand von mindestens 5 mm stehen. Mit dem Locher oben ein Loch stanzen, Öse einlegen und mit der Ösenzange fest zusammendrücken.

Tipp

Mit dem Stempel können Sie auch Geschenkpapier oder Grußkarten gestalten. Stellen Sie kleine Gruppen zusammen oder stempeln Sie nach einem klaren Muster, z.B. in geraden oder versetzten Reihen.

HIPPER
Schmuckständer

Aufbewahrung für Armbänder, Ringe und Co.

Größe

ø 10 cm, 13 cm hoch

Material

- 2x FIMO® soft in Weiß
- 1,5x FIMO® soft in Grün
- Rest FIMO® soft in Hellgrün, Rot und Gelb
- Lackstift in Goldfarben
- Altes Nudelholz
- Cutter
- Schneideunterlage

Vorlage

Seite 78

1 Aus einem Päckchen FIMO® in Grün zunächst eine Kugel, daraus dann eine Rolle formen. Diese sollte ca. 2 cm dick sein. Ein Ende abrunden, das andere gerade abschneiden.

2 Aus dem halben Päckchen FIMO® in Grün vier gleich große Rollen anfertigen, auch hier wieder je ein Ende gerade abschneiden. Die Rollen vorsichtig zu Kaktusarmen zurechtbiegen. Orientieren Sie sich hierfür an der Vorlage. Drei Arme direkt am Kaktus fixieren. Den vierten Arm zum Backen mit auf ein Backblech legen.

4 FIMO® in Hellgrün dünn ausrollen, mit dem Cutter kleine Dreiecke zuschneiden und den Kaktus verzieren. Für die Blume fünf kleine Kugeln in Rot und eine in Gelb anfertigen. Die roten Kügelchen aneinander legen und etwas zusammendrücken, dann die gelbe Kugel in die Mitte legen und andrücken. Die Blume ebenfalls aufs Backblech legen.

5 FIMO® in Weiß zunächst weich kneten, dann zu einer Kugel formen. Die Kugel flach drücken und mit dem Nudelholz zu einer Scheibe mit ø 15 cm ausrollen. Die Ränder vorsichtig hochbiegen. Alle Teile nach Herstellerangaben im Ofen aushärten. Danach gut auskühlen lassen.

6 Den vierten Kaktusarm am Kaktus mit Heißkleber fixieren, die Blume am Stamm anbringen. Zum Schluss kleben Sie den Kaktus in der Mitte der Schale fest und verzieren diese nach Belieben mit einem goldfarbenen Lackstift.

FRUCHTIGER

Schlüsselanhänger

Anhängliche Melonen

Größe

ca. 12 cm lang

Material

- Holzkugeln, ø 5 cm **oder** ø 3,5cm, 2,5 cm und 1,5 cm **oder** 3x ø 2,5 cm
- Acrylfarben in Pink, Weiß, Grün, Türkis und Schwarz
- Pinsel
- schmales Malerkrepp
- Webband in Hellgrün, 5 mm breit, 30 cm lang **oder** in Rosa, 2 cm breit, 30 cm lang
- Schlüsselring

1 Die Holzkugeln nach Belieben waagrecht oder diagonal abkleben. Eine Hälfte der Kugel bis zur Kante des Klebebandes pink bemalen. Gut trocknen lassen.

2 Nach dem Trocknen das Klebeband abziehen, nun die pinkfarbene Seite mit Krepp abkleben. Die zweite Kugelhälfte grün bemalen und wieder gut trocknen lassen.

3 Nun geht es ans Verzieren: Mit einem dünnen Pinsel schwarze Melonenkerne aufmalen. In Weiß zwischen Pink und Grün eine schmale Linie nachziehen. Für einen plastischeren Effekt versehen Sie die grünen Hälften noch mit türkisfarbenen Linien. Alles wieder gut trocknen lassen.

4 Das Band mittig falten und in einer Schlinge um den Schlüsselring legen. Die Enden spitz zuschneiden und die Kugeln in der gewünschten Reihenfolge auffädeln. Zum Schluss die Bandenden verknoten und einen Schlüssel am Ring befestigen.

Tipp

Sie können die Kugeln nach Lust und Laune gestalten und auf dem Band anordnen. Schön sehen z.B. auch pinkfarbene Kugeln mit Melonenkernen oder helle Melonen mit dunkleren Linien aus.

Vorlagen

Ist bei der Vorlage kein Skalierungsfaktor angegeben, kann die Vorlage beliebig vergrößert oder verkleinert werden.

Die Vorlagen zu diesem Buch stehen im TOPP Download-Center unter **www.topp-kreativ.de/downloadcenter** nach erfolgter Registrierung zum Ausdrucken bereit. Den Freischalte-Code finden Sie im Impressum.

Weich gebettet

Seite 6

Ananas-Goodie-Bag

Seite 44

Vorlage auf 250% vergrößern

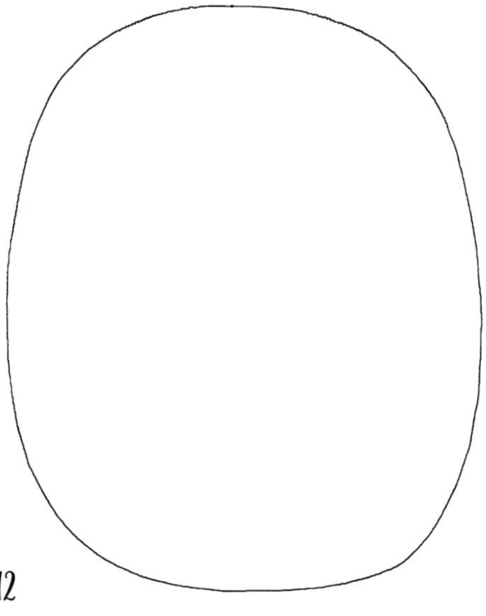

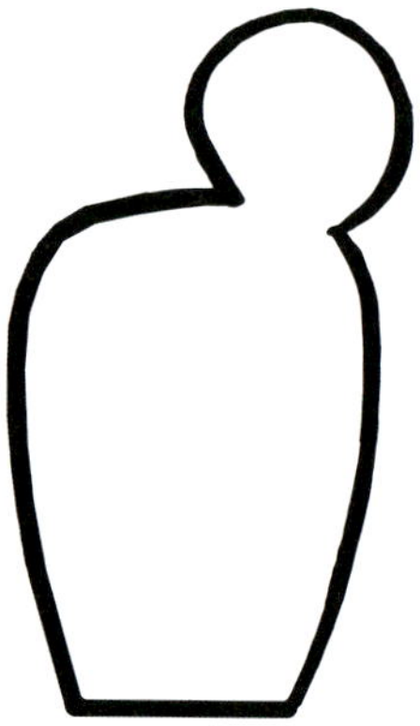

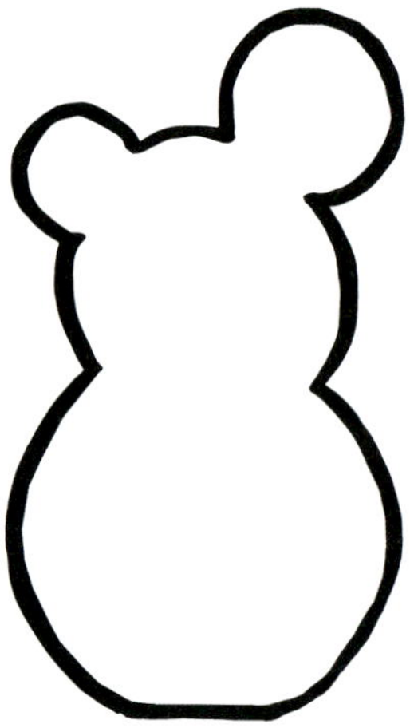

Fröhliches Kaktus-Mobile

Seite 22

Vorlage auf 200% vergrößern

Paradiesische Party-Lampions

Seite 30

Vorlage auf 125% vergrößern

Tropisches Melonenkissen

Seite 24

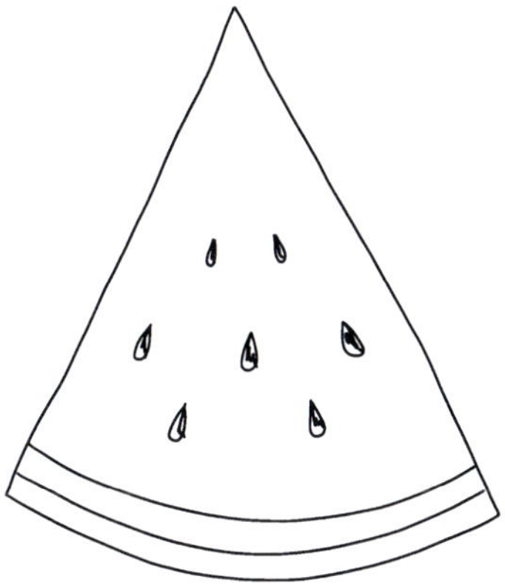

Gefiederte Trinkhalm-Topper

Seite 48

Originalgröße

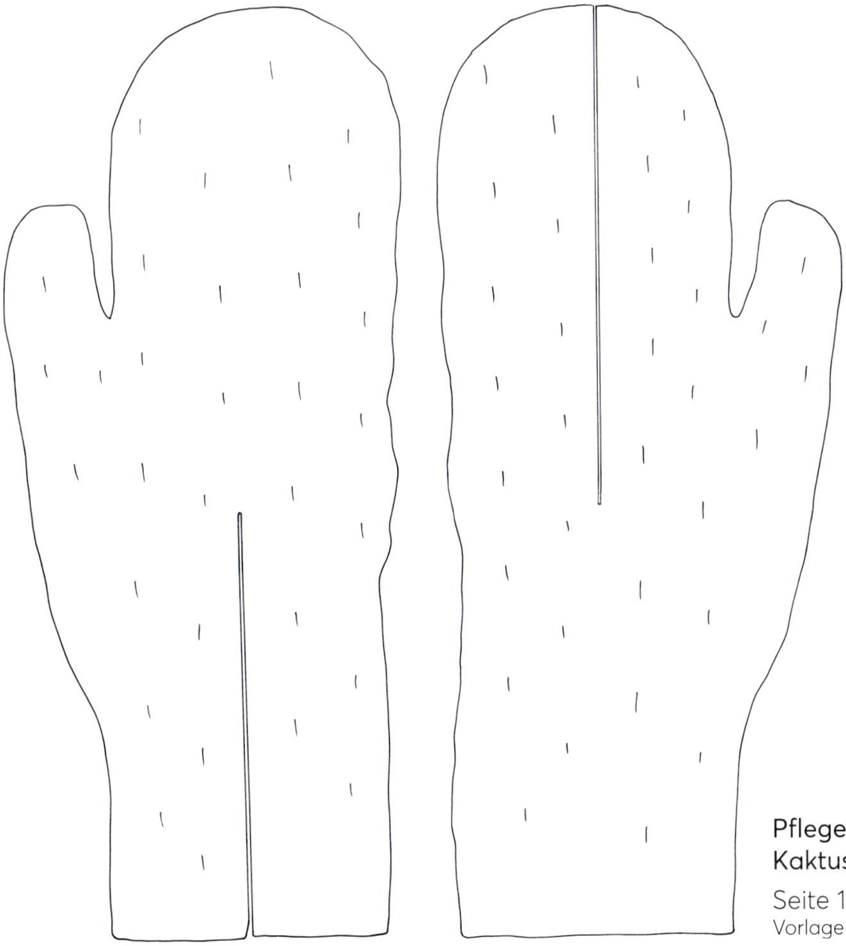

Pflegeleichte Kaktusleuchte

Seite 14

Vorlage auf 400% vergrößern

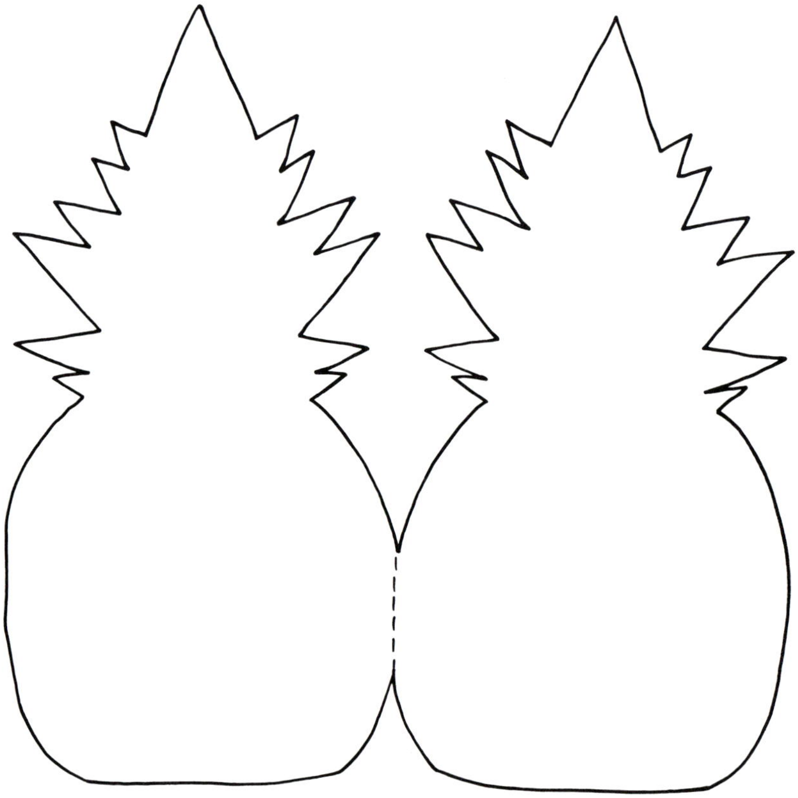

Fruchtige Einladung

Seite 28

Vorlage auf 200% vergrößern

Magische Einhornbox

Seite 38

Vorlage auf 150% vergrößern

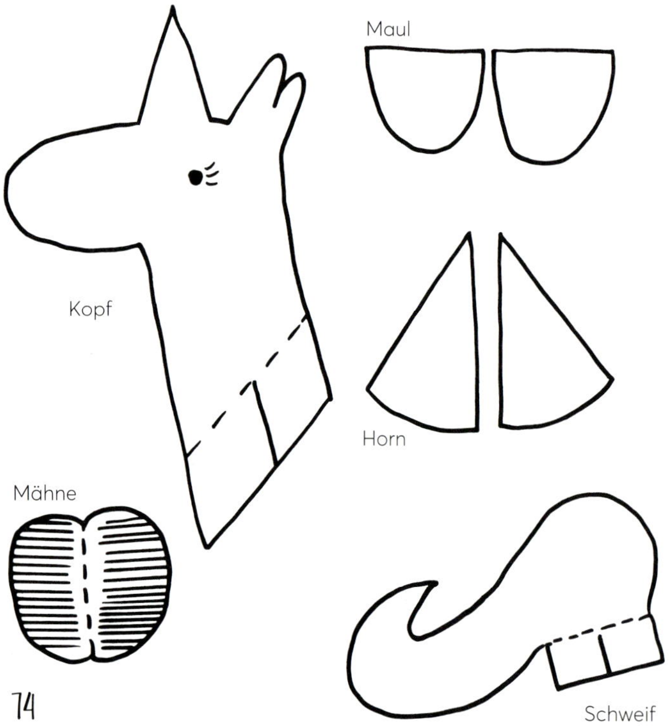

Vorsicht, pieksig!

Seite 54

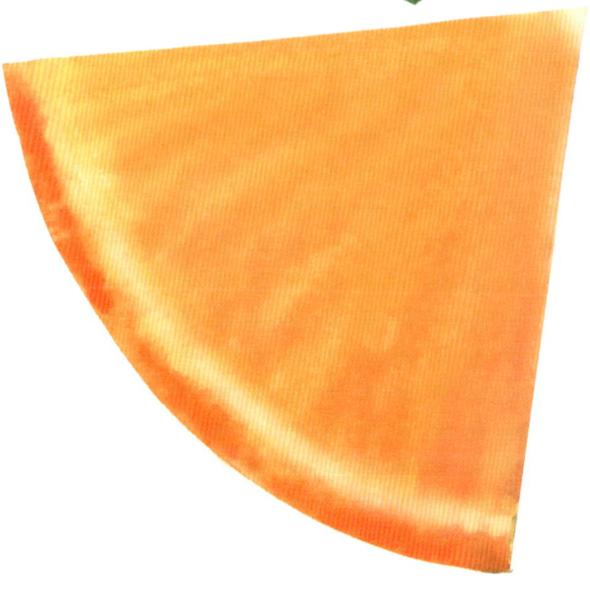

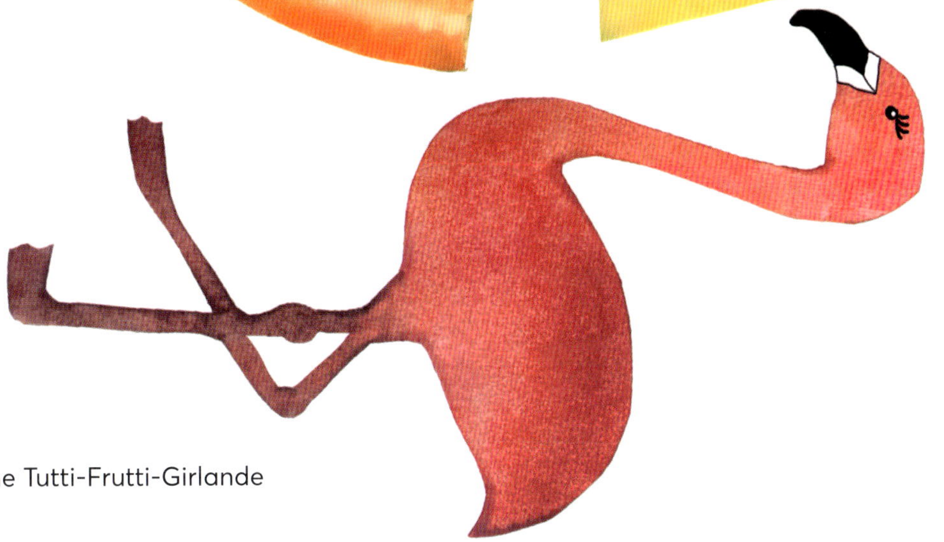

Tropische Tutti-Frutti-Girlande
Seite 34

Witzige Kaktus-Topper

Seite 42

Fesche Tasche

Seite 8

Schmucker Bildhalter

Seite 60

Vorlage auf 125% vergrößern

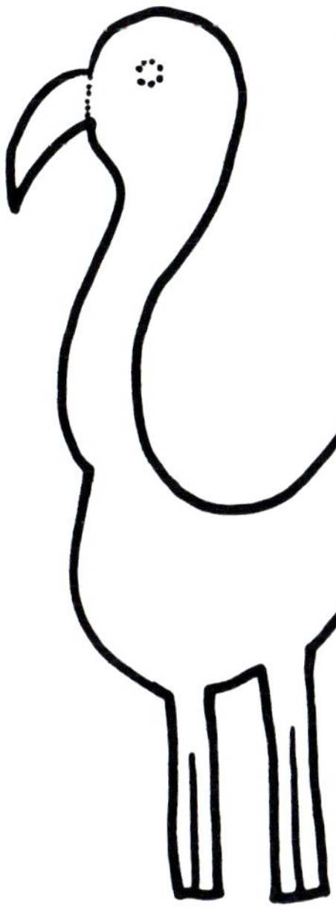

Charmanter Flamingostempel

Seite 66

Bestickte Geschenketiketten

Seite 62

Flamingo
im Rahmen

Seite 10

Hipper Schmuckständer

Seite 68

Vorlage auf 125% vergrößern

Blumiger
Ananas-Haarreif

Seite 36

Vorlage auf 300% vergrößern

Filigraner Paradiesvogel

Seite 16

Vorlage auf 200% vergrößern

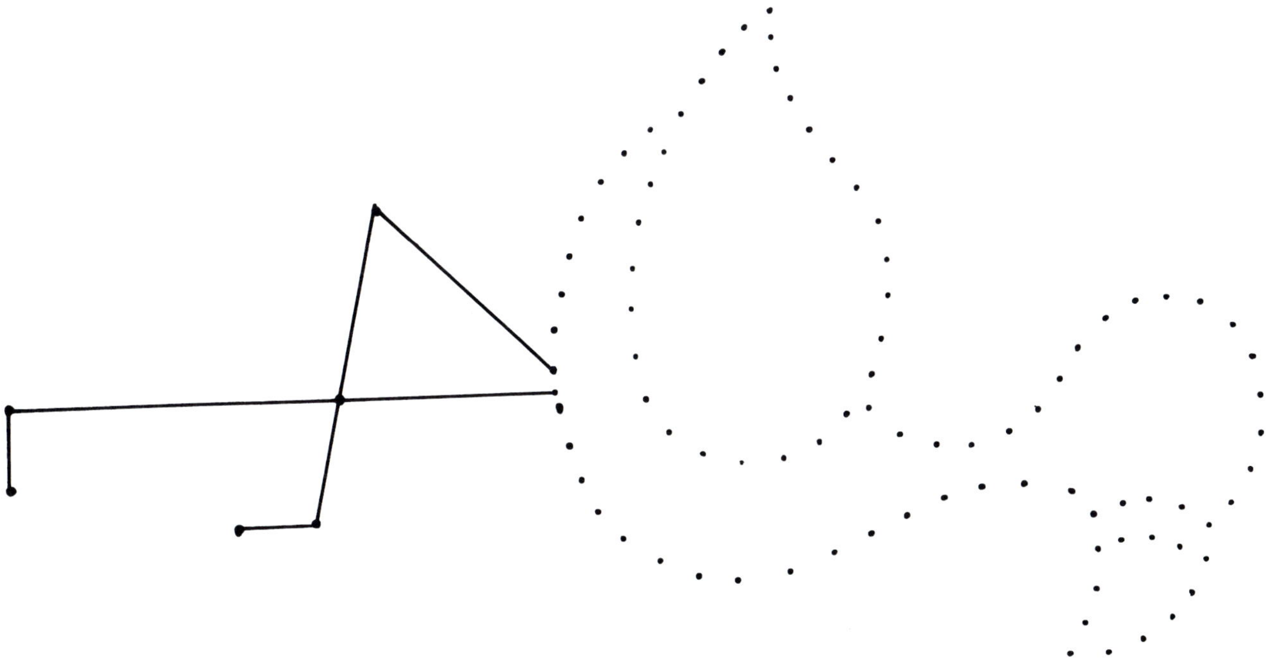

Süße Gedächtnisstütze

Seite 20

Vorlage auf 250% vergrößern

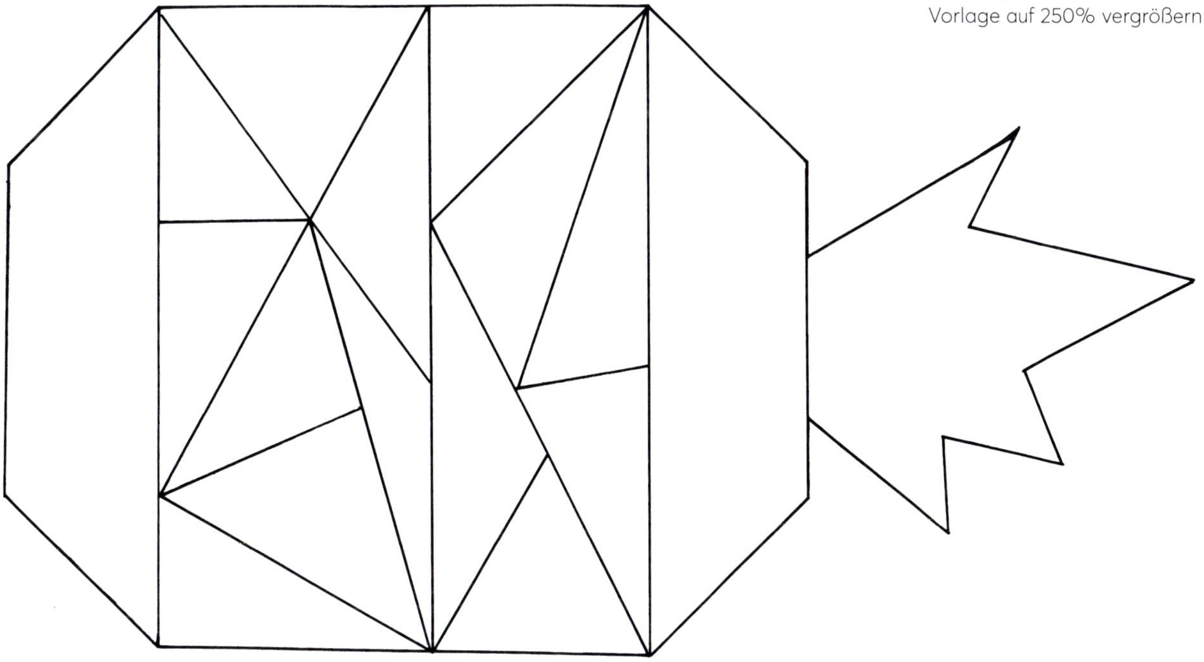

DIE AUTORINNEN

Susanne Wicke probiert gerne verschiedene Basteltechniken aus. Ihre kreativen Ideen sind auch auf ihrem Blog *www.villawicke.blogspot.de* zu finden.

Fanny Schütze bloggt in ihrer Freizeit unter *www.fannysliebste.blogspot.de* über DIYs, Reisen und Backen. All die Werkeleien sind ein wunderbarer Ausgleich zu ihrem Vollzeitjob.

Birgit Kaufmann hat neben der Liebe zur Kreativität auch ein Faible für ausgefallene und besondere Deko und Geschenke – dieses Buch gab ihr Gelegenheit, sich auszutoben!

Ioana Golzke schreibt auf ihrem Blog *www.miss-red-fox.de* über ihre kreative Arbeit. Neben originellen DIYs gibt es dort Rezepte und Berichte über Fotografie oder Reisen.

Lis Anna Björnson dekoriert ihr Zuhause mit Vorliebe individuell und unkonventionell. Ihr Motto: „Mit etwas Selbstgemachtem wird jeder Tag zum Fest!"

DER FREISCHALTE-CODE LAUTET: 16954

IMPRESSUM

MODELLE: Lis Anna Björnson (Seite 14/15, 28/29, 38/39, 60/61, 66/67), Ioana Golzke (Seite 34/35, 44/45, 48/49, 62/63), Birgit Kaufmann (Seite 16/17, 20/21, 30/31, 68/69, 70/71), Fanny Schütze (Seite 6/7, 22/23, 36/37, 42/43, 52/53), Susanne Wicke (Seite 8/9, 10/11, 24/25, 54/55, 58/59)
FOTOS: lichtpunkt, Michael Ruder, Stuttgart
ILLUSTRATIONEN: creativmarket.com: everysunsun (Seite 23, 43, 69), beauty drops (Cover, Seite 1, 9, 20, 25, 44, 66 [außer der Flamingo]); shutterstock.com: Illerlok_Xolms (Seite 41); designed by Freepik.com (alle anderen)
PRODUKTMANAGEMENT UND LEKTORAT: Magdalena Wassen
LAYOUT UND SATZ: Konstanze Laue
DRUCK UND BINDUNG: BALTO print, Litauen

1. Auflage 2018

ISBN 978-3-7724-7860-4 • Best.-Nr. 7860